Und ob ich schon wanderte im finstern Tal,
fürchte ich kein Unglück; denn du bist bei mir,
dein Stecken und Stab trösten mich.

(Psalm 23,4)

Ines Langs

Sehens-Wert

Außenwelt – Innenwelt

Bibliografische Information der Deutschen Nationalbibliothek:

Die Deutsche Nationalbibliothek verzeichnet diese Publikation in
der Deutschen Nationalbibliografie; detaillierte bibliografische
Daten sind im Internet über http://dnb.dnb.de abrufbar.

© 2012 Ines Langs

Fotos/Illustrationen: Ines Langs

Herstellung und Verlag: BoD – Books on Demand, Norderstedt

ISBN: 978-3-8482-5268-**8**

– Außenwelt –

Neues Sehen

Als ich das Licht der Welt
zum zweiten Mal erblickte,
blühte der Mohn.

Und übers Feld glitt still
ein Habicht auf der Jagd,
erhaben und ruhig.

Mein Herz und Auge schau'n
nun offen in die Welt,
die Wunder zu sehn.

Wolkenbild

Ihr Körper in den Wolken

schmiegt sich räkelnd

der Sonne zu, bevor er

im Blauen vergeht.

Das Leben hinter den Fenstern

Durch Fenster schaust du
in die Zimmer der Leute,
siehst Tisch und Stuhl und Schrank,
ein kleines Stück
ihrer kleinen Welt.
An der Wand die Gitarre
spielt im Hintergrund
die Begleitmelodie.

Einblicke

Der Zug fährt an ihrem Fenster vorbei.
Er gewährt einen kurzen Blick in ihre Welt.
Sie sitzt auf dem Bett.
Es ist warm.
Einer der ersten Frühlingstage in diesem Jahr.
Es war lange kalt.
Sie genießt die Sonnenstrahlen, die sie liebkosen.
So wie die Blicke der Menschen im Zug.

Romantischer Abend mit Rind

Es wird Abend. Der Kellner entzündet mit einer glühenden Lunte an einer langen Eisenstange die Fackeln im Lokal. Die gusseisernen Kronleuchter werden eingeschaltet. Von einer der Wände schaut der riesige Kopf eines Stiers mit weißem Fell auf den Raum und die Gäste herab. Ich fühle mich von ihm beobachtet. Immer wieder muss ich zu ihm hoch schauen. Jedes Mal sehe ich denselben gleichmütigen Ausdruck in seinem Antlitz. Unter seinem Hals steht eine Doppel-Magnumflasche Rioja in einer Holzkiste. Ob er wohl nachts, wenn es im Lokal still geworden ist, heimlich an dem guten Tropfen nippt?
Die Flasche steht auf einem Kaminsims. Im Kamin lodert kein Feuer. Er ist nur Attrappe. Immerhin: zwei große Stumpenkerzen, die in der Feuerstelle stehen, sorgen für einen warmen Lichtschein.
Mein Blick schweift weiter durch den Raum. Unter den Fackeln und auch unter dem Stier hängen alte Pistolen in Rahmen, die mit samtrotem Stoff ausgeschlagen sind. Sehr alt sehen diese Waffen aus. Abfeuern könnte man sie wohl nicht mehr. Aber sie sind schön anzuschauen. Eine von ihnen hat einen besonders schönen weißen Griff. Ist er aus Elfenbein? Das lässt sich aus der Entfernung nicht feststellen.
Ich wende meinen Kopf, um zu sehen, was sich an den Wänden hinter mir befindet. Ich sehe mich vielen Weinflaschen gegenüber. Sie liegen einzeln in Drahtgestellen, die über die gesamte Länge des Raums an der Wand angebracht sind. Es sind bestimmt mehr als hundert Stück. Sind die Flaschen voll oder leer? Wie lange hat es wohl gedauert, sie dort hinauf zu bringen?

Ob es die schöne alte Uhr weiß, die auf einem Alkoven gegenüber der Flaschenwand steht? Die Uhr wirkt etwas deplaziert. Eine Frauenfigur krönt sie, die eher an das antike Rom oder Griechenland denken lässt, denn an die Pampa Argentiniens.

Mein Blick zieht weiter zum Eingang des Lokals. Ein wahrhaft stummer Diener in Gestalt eines alten Kellners steht dort, in Smoking mit Fliege und einer Rose im Revers, auf den Händen vor sich ein silbernes Tablett. Sein Gesichtsausdruck ist allerdings nicht geeignet, Gäste anzulocken. Er vermittelt eher den Eindruck, dass es ein Wagnis sei, das Lokal zu betreten. Er wirkt ein wenig senil und schusselig, und so alt, als würde er hier schon seit hundert Jahren bedienen.

Zum Glück sind die echten Kellner jünger und aufmerksamer. Ich werde höflich bedient. Der Wein ist gut, das Steak ebenso (ob es wohl von dem Stier an der Wand stammt?). Sie sehen, wie ich in mein Notizbüchlein schreibe. Täusche ich mich, oder sind sie danach noch freundlicher? Halten sie mich vielleicht für einen Restaurantkritiker, der inkognito ihr Lokal besucht? Der Gedanke amüsiert mich.

Der Wein macht mich allmählich müde. Es sind inzwischen auch mehr Gäste eingetroffen, die schöne Ruhe ist dahin. Ich beschließe heimzugehen. Und dass ich wiederkommen werde. Zu den Fackeln, den Pistolen und dem riesigen Rindvieh.

Körperfunktionen

Es zerriss sie. Sie traute sich nicht zu schreien. Sie wollte keine Aufmerksamkeit auf sich lenken. Die Schmerzen in ihrem Bauch ließen langsam nach. Vorsichtig entspannte sie sich. Doch so ganz traute sie dem Frieden noch nicht. Sie wusste aus Erfahrung, dass es wieder losgehen konnte. Also verharrte sie, wo sie war. Ihre Befürchtung bestätigte sich. Wieder die Schmerzen, wieder das Gefühl, ihr Unterleib würde zerrissen. Dann wieder Ruhe und Warten. Dieses Mal schien es, als wäre der Anfall vorüber. Sie säuberte sich und verließ die Toilette.

Die Damenumkleide war inzwischen fast leer. Nur ihre Trainerin war noch da. Ein kurzes Gespräch, dann hatte sie ihre Ruhe. Sie ging an ihren Spind. Mit langsamen Bewegungen holte sie ihre Tasche heraus. Sie tat alles in zeitlupenähnlichem Tempo, aus Angst, ihr Körper würde mit einem erneuten Durchfallschub reagieren, wenn sie sich zu schnell bewegte.

Sie zog sich an und packte gewissenhaft die Sportsachen und das Duschtuch in die Tasche. Als sie damit fertig war, nahm sie ihren Kosmetikbeutel und ihre Haarbürste und ging zu dem Tisch mit den Föns. Normalerweise machte sie sich vor dem Spiegel stehend zurecht, doch heute war sie so kraftlos, dass sie sich in einen der Sessel plumpsen ließ, die dort standen. In dem großen Spiegel, der über dem Tisch angebracht war, sah sie so nur gerade eben ihren Kopf. Sie schaute sich in die Augen, sah die Müdigkeit aus ihnen sprechen. Sie spürte, wie schwer ihre Glieder waren. Wie sie in den Sessel hinein sank.

Bedächtig bürstete sie ihre Haare und trocknete sie anschließend. Dann musste sie sich doch erheben, um ihre Augenbrauen zu zeichnen. Das ging nur im Stehen, nahe vorm Spiegel. Als sie den Augenbrauenstift ansetzte, nahm sie dessen Duft wahr. Der war ihr noch nie aufgefallen. Er roch wie ein Bleistift oder Buntstift. Das war nicht überraschend für sie. Was sie überraschte, war die Tatsache, dass sie ihn überhaupt roch. Hatte die körperliche Verausgabung ihre Sinne geschärft? War dadurch, dass ihre anderen Körperfunktionen geschwächt worden waren, ihre Wahrnehmung verstärkt worden? Sie hielt einen Moment inne und ging diesem Gedanken nach. Dann vollendete sie die Augenbrauenzeichnungen. Sie gelangen ihr heute ziemlich gut. Gleichmäßig. Sie war zufrieden.

Das Mädchen, das es mit Riesen aufnimmt

Da ist dieses kleine Mädchen. Es ist nicht älter als zwei Jahre. Es erkundet die Welt an einem sonnigen Herbsttag. Es betritt die Wiese und sieht diesen ungeheuer großen Baum. Es tritt an den Baum heran, legt seine Hände daran und stemmt sich mit aller Macht dagegen. Es wundert sich, dass es den Riesen nicht zu Fall bringen kann. Es schaut erstaunt an dem Baum hoch, doch im nächsten Augenblick wird seine Aufmerksamkeit von der nächsten aufregenden Sache angezogen, und es vergisst den Riesen.

– Innenwelt –

Nacht (I)

Wenn die Nacht die sanften Hände

nach mir ausstreckt und mich in sich zieht,

     ist's, als ob ich ganz verschwände

und mich niemand mehr dann sieht.

Nacht (II)

Die Nacht gibt Gestalt
einer stillen Gewalt,
in Träume gehüllt,
die stets unerfüllt.

Umfangen ganz sacht
von den Schwingen der Nacht
der Reigen beginnt,
bis alles zerrinnt.

Wortfetzen

Wortfetzen

wie Wolkenfetzen

in den Bäumen

schwebend,

sich hebend,

sich entziehend,

dem Blick entfliehend.

Aus der Zeit genommen

Für Augenblicke sind wir

aus der Zeit genommen,

in uns angekommen,

im Gefühl versunken,

von der Liebe trunken.

Ungeküsst

Zu wissen,
ich könnte küssen
und müsste nichts missen,
kann verwirren.

Gedanken schwirren.
Droh mich zu verirren
in Träumen,
die überschäumen,
die nicht sind zu zäumen:

Zu leben,
sich hinzugeben,
auf Wolken zu schweben.

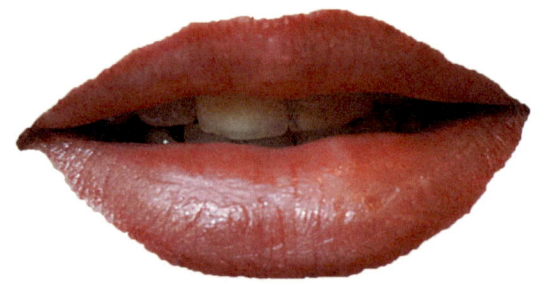

Kapitulation

Von Gedanken beschwert
und von Fragen verzehrt,
bleibt nur Kapitulieren,
kann ja doch nur verlieren.

Wenn der Geist rebelliert,
sich in Zweifeln verliert,
wird die Seele geschunden,
sind die Hände gebunden.

Sein Wille geschehe

Von meinem Platz auf der Couch sehe ich, wie sich die Gardinen sanft bewegen. Es ist die warme Luft, die von der Heizung aufsteigt, die dieses feine Schwingen in ihnen auslöst.

Aus dem Nebenzimmer ertönt Musik. Die Wiedergabe ist auf „zufällig" eingestellt. Bei jedem Lied kann ich so von neuem entscheiden, ob es zu meiner derzeitigen Stimmung passt. Die ist düster, traurig, verzweifelt. Die Hoffnung, dass sie sich aufhellen könnte, hält sich versteckt oder hat vielleicht meine Wohnung ganz verlassen, weil sie hier keine Möglichkeit mehr sieht, alles zum Guten zu wenden.

Ich habe gebadet, um zumindest ein wenig von dieser Schwere abwaschen zu können. Jetzt sitze ich hier auf der Couch, nackt unter einer Kuscheldecke, und mein Kopf fühlt sich an, als würde er bald platzen. Mein Gehirn ist müde, überlastet von der Anstrengung, nach einer Lösung zu suchen, die es nicht finden kann. Davon, dass es dies immer wieder aufs Neue tun muss, dass ihm keine Erholung vergönnt ist. Auch das Glas mit Grappa hat nicht geholfen. Ich tauge nicht zur Alkoholikerin. Der Alkohol bietet mir keine Erleichterung. Er macht nur die Kopfschmerzen schlimmer.

Ich bin müde. Das bin ich oft, aber nicht immer tut es so weh wie heute. Es tut weh, weil ich dennoch nicht schlafen kann. Meine Waffe gegen dunkle Gedanken – sie einfach wegzuschlafen – funktioniert nicht mehr wie früher. Das Wissen, dass sie auch noch da sein werden, wenn ich wieder aufwache, lässt mich Angst haben vor dem Einschlafen.

Wieder eine leere Seite. Wenn es doch nur möglich wäre, alles noch mal neu zu beginnen, neu zu schreiben, so wie ich jetzt diese Seite neu fülle mit Zeilen. Gibt es ein Lebensbuch, in dem alle Seiten bereits vorher, von der Geburt bis zum Lebensende beschrieben sind und in dem man nichts korrigieren kann? Wofür dann die Mühe, die Tränen, die Seelennot? Gibt es denn keine Hoffnung, dem zu entrinnen?

Was würde geschehen, wenn dieses Lebensbuch einfach an der gerade aufgeschlagenen Seite zugeklappt würde? Es gibt so viele Bücher, die man nicht zu Ende liest, weil man keinen Zugang zu ihnen findet oder weil sie einfach schlecht geschrieben sind. Warum quält sich derjenige, der das Buch meines Lebens liest, so damit herum? Hat er etwa noch die Hoffnung, dass es plötzlich an Qualität oder Spannung gewinnt? Wenn ich zu einem Buch keinen Zugang finde, dann lasse ich es sein. Vielleicht versuche ich es später noch mal, mit etwas zeitlichem Abstand, aber wenn es mich dann auch wieder nicht anspricht, bleibt es für immer im Regal stehen und verstaubt dort.

Ich weiß nicht, ob der Leser meines Lebensbuches es zum ersten Mal liest oder es zum wiederholten Male probiert. Ich kann ihm nur raten, es bald ins Regal zurück zu stellen und sich und mich zu verschonen. Die Lektüre lohnt sich nicht. Es gibt bessere, interessantere Bücher. Doch was hilft das Lamentieren, es bleibt seine Entscheidung:

Sein Wille geschehe.

Als Lohn für meine Mühen,
die ungeheure Pflicht,
sah heute ich erblühen
ein Band aus Farb' und Licht.

Es strahlt' ein Regenbogen
so einen sah ich nie.
Ich bin hinauf geflogen
in meiner Phantasie.

**Am Ende
des
Regenbogens**

Ich folgte seinen Bahnen
bis ich sein Ende fand.
Er ließ mich sanft erahnen
ein zauberhaftes Land.

Ein Land ganz ohne Sorgen,
gehüllt in feines Licht,
wo jeder neue Morgen
ein neues Glück verspricht.

Frei

Zeitlos schwebend,

Träume webend,

Seele weitend,

sachte leitend,

Herz berührend,

Feuer schürend.

Der Welt entfliehend,

mich entziehend,

kindgleich spielend,

Freiheit fühlend.

Neue Energie

Es kribbelt wieder,

es pulsiert,

bringt neue Lieder,

die Luft vibriert.

– Inside Out –

Shades of Grey

Sometimes colours scream too loud,

so it's better to silence them

by turning them

to shades of grey.

Lady of the Shadows

Lady of the shadows
holds her head so high,
she'll never show her sorrows,
you'll never see her cry.

Masking herself cruel,
masking herself hard,
she won't give any fuel
to doubts she's not on guard.

Sometimes she is tired,
sometimes she feels old.
The power she acquired
won't save her from the cold.

She might find salvation,
she could end the night.
Escaping her damnation
will be her hardest fight.

Time Rolls On

You hurry, you haste,
there's no time to waste.
You go on and on,
nothing gained, nothing won.
Then time comes to a halt,
stops you, strikes you ice-cold,
makes you let down your guard,
makes all movements feel hard.
You feel tired and worn,
like your fabric is torn.
Heavy limbs, heavy head,
all you want is your bed.
Then this moment is gone.
Time is just rolling on.

Greener Pastures

There are times, when you stand before a wall. All you see is that wall. No way leads ahead, and you can't go back, either. You don't see that you could maybe take a few steps to the left or to the right to get around that wall and to see the greener pastures lying beyond. You just can't. It's too dark around you, you're feeling eaten by the dark. The only colours you see and feel are grey and black. You don't believe that there is anything beyond that wall - that life can be colourful again.
If you're lucky to have someone to light your way and to lead your steps to the end of the wall, then there's hope for you. It's hard to tell someone about the way you feel. But if you can't help yourself, then you'll have to find someone, who can. Someone, who sees the whole image.

My Angel's Wings

My angel came to me last night
and left its wings behind.
It bathed me in the purest light
and took away the blind:

The blind that didn't let me see
the beauty of this life.
That wouldn't let my soul be free,
no matter how I strive.

But now my angel took my hand
and gave me back my hope.
I'll try to learn and understand,
how I can fight and cope.

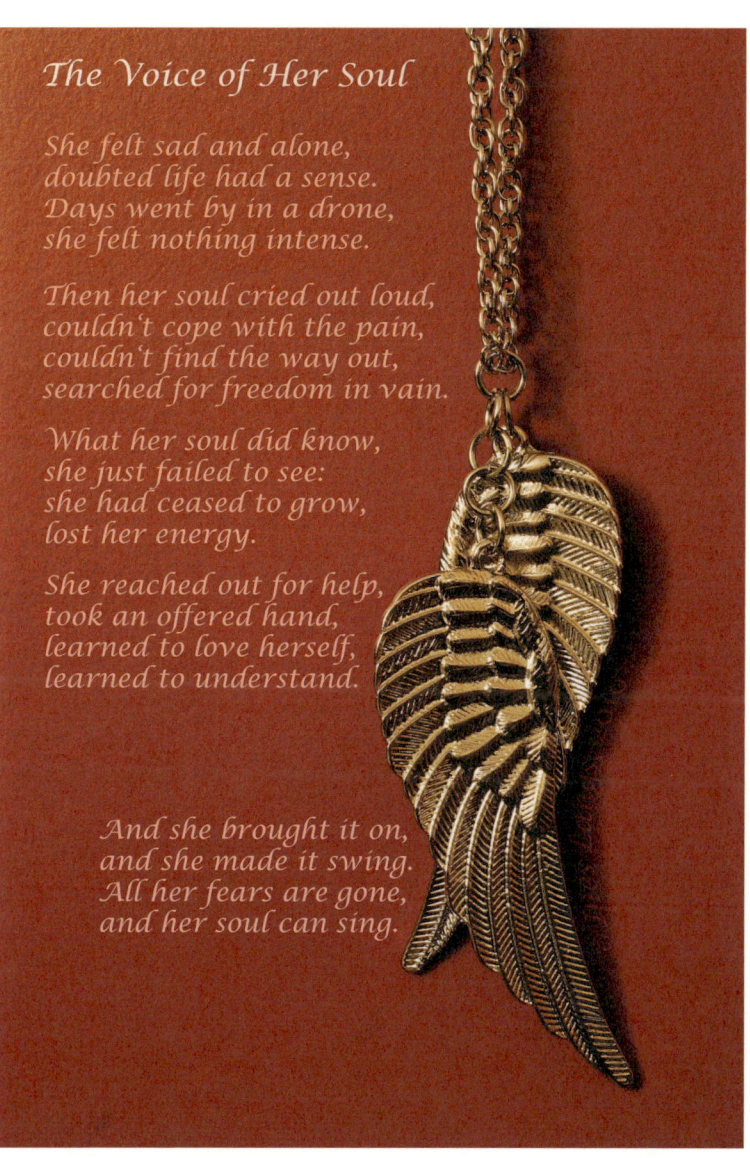

The Voice of Her Soul

She felt sad and alone,
doubted life had a sense.
Days went by in a drone,
she felt nothing intense.

Then her soul cried out loud,
couldn't cope with the pain,
couldn't find the way out,
searched for freedom in vain.

What her soul did know,
she just failed to see:
she had ceased to grow,
lost her energy.

She reached out for help,
took an offered hand,
learned to love herself,
learned to understand.

And she brought it on,
and she made it swing.
All her fears are gone,
and her soul can sing.

Mind Travelling

And my mind starts to travel,

going out, coming home,

I feel secrets unravel,

as through dreamscapes I roam.

Light (Haiku)

You turned on a light.

You made me feel warm inside.

Just by loving me.

Butterfly Fingers

Like butterflies
your fingertips
caress my skin.
Like little lies
your silky lips
lead me to sin.

Power of Rhythm

Taking hold,
letting go.
Self-controlled
in the flow.
Concentrating.
Meditating.
Paralyzing.
Hypnotizing.
Searching and
finding the answer
in the rhythm.

Thinking of Him

She couldn't get him out of her head. She saw his face, wherever she looked. She saw it in trees and leaves, in rivers and lakes, and in the clouds in her coffee, when she slowly stirred the cream, while contemplating: Would she ever see him again?

Empty Hands

How long will my hands be empty?
How far do I have to roam
to find someone precious to me,
who makes me feel at home?

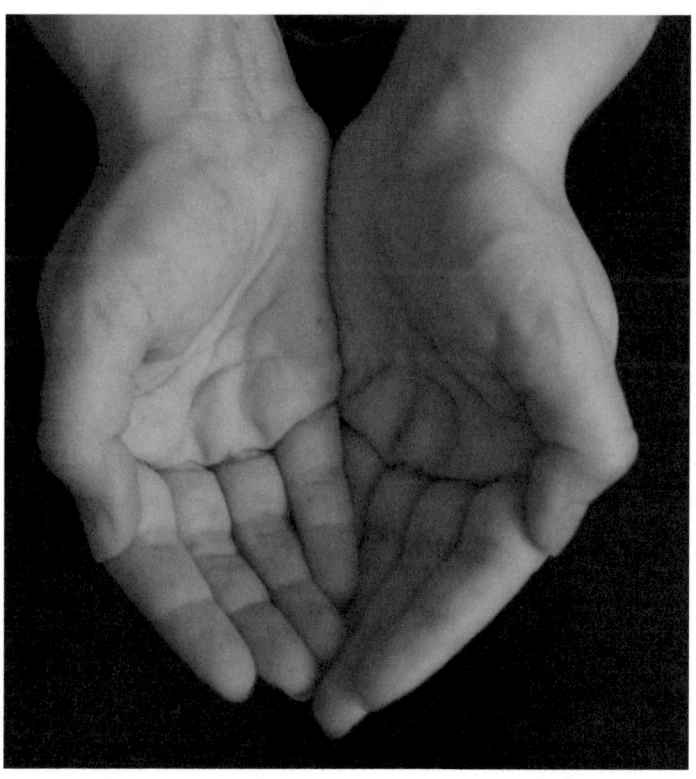

Closeness

Close is where I need you.

Close is where you ain't.

Just images that break through.

These images won't faint.

Sallying Forth

Taking my life
from the basement shelf,
blowing the dust from its lid.
Dragging my dreams
out of shadowland
into the light of day.
Walking away
from my petty fears
to find that I am free.

The Lord's Anagrams

When I was wearing diapers,

to grow up I aspired.

Along the way I felt despair,

until the Lord I praised.

The Promise

There was a shadowman
walking through a shadowland.
Tryin' to catch the moon with a rope,
couldn't do it, thought that there was no hope
for him to get into the light,
and that he'd be damned to live in the night.
And he turned his hand into a fist,
but he found he couldn't resist
this feeling of loneliness,
was convinced his life was a mess.
So he lost the grip of his soul.
It left his body and stole
itself away from this house of despair.
Soon it floated on thin waves of air.
And all of a sudden, the colours returned,
for which it had eternally yearned.
First came blue, and an ocean arose
from the depth of a place that nobody knows.
Then came red and green and gold,
drenched in light letting beauty unfold.
And clad in that light was a hand,
so enormous and mighty and grand,
and it caught the floating soul,
held it gently, made it whole
and sent it back again
into that once pitiful man.
He opened his eyes and he knew
that God's promise of life was true.

Ladies' Dance

None of them a beauty queen,

but all of them are very keen

dancers on the ballroom floor,

searching fun, looking for more.

Old Spice

Old Spice
has me in its vice
since my days of youth.
It's this smell so smooth,
makes me turn my head,
dream of him, and yet:
It's not him, I know,
just his afterglow.

Parting

The longest sundown it was,

when I was leaving you behind.

A golden promise it gave

for the day we'd meet again.

Train Meditation

Red light flashing -
Close the door -
People dashing
in seconds before.

Swiftly gliding
through the night.
Modern riding -
everything feels right.

Slowly drifting
into space.
Visions shifting -
there's no need to race.